小裂帖

志村ふくみ

筑摩書房

扉写真　井上隆雄
小裂帖撮影　矢幡英文
装丁　吉田篤弘　吉田浩美

まえがき

この「小裂帖」は、私の手元の「小裂帖」を、そのまま本にしたものである。
織物をはじめた一九六〇年前後から、染めて織った織物の残り裂を、手元の本に貼り付けるようにしておいたのが、年月を経てたまったものを、ほぼそのままの大きさで、順番も変えずに再現した。
初期の小裂をみているとさまざまの感慨が湧く。三十代から四十代にかけての自分の写真帖を見るようだ。
ああ、これは母と奈良の古寺をたずねた時に着ていた着物の端裂。
これは、白洲正子さんに浄瑠璃寺に連れていっていただいた時、締めていた帯の裂。その旅で見た、長谷寺の廻廊や、浄瑠璃寺の塔、池に咲いていた菖蒲などをあざやかに思い出す。
本にすることは、まるで長らく書き溜めた日記を公表してしまうような逡巡をおぼえる。これは本来、筐底に秘し、人には見せるものではないのかもしれない。
でも、私がこの世にいなくなったら、箪笥の底にしまわれたまま、忘れられてしまうかもしれない。それより、これが、少しでも若い人のお役に立つならばと、自分の都合のよいように解釈して、本にすることにしたものである。

目次

小裂帖

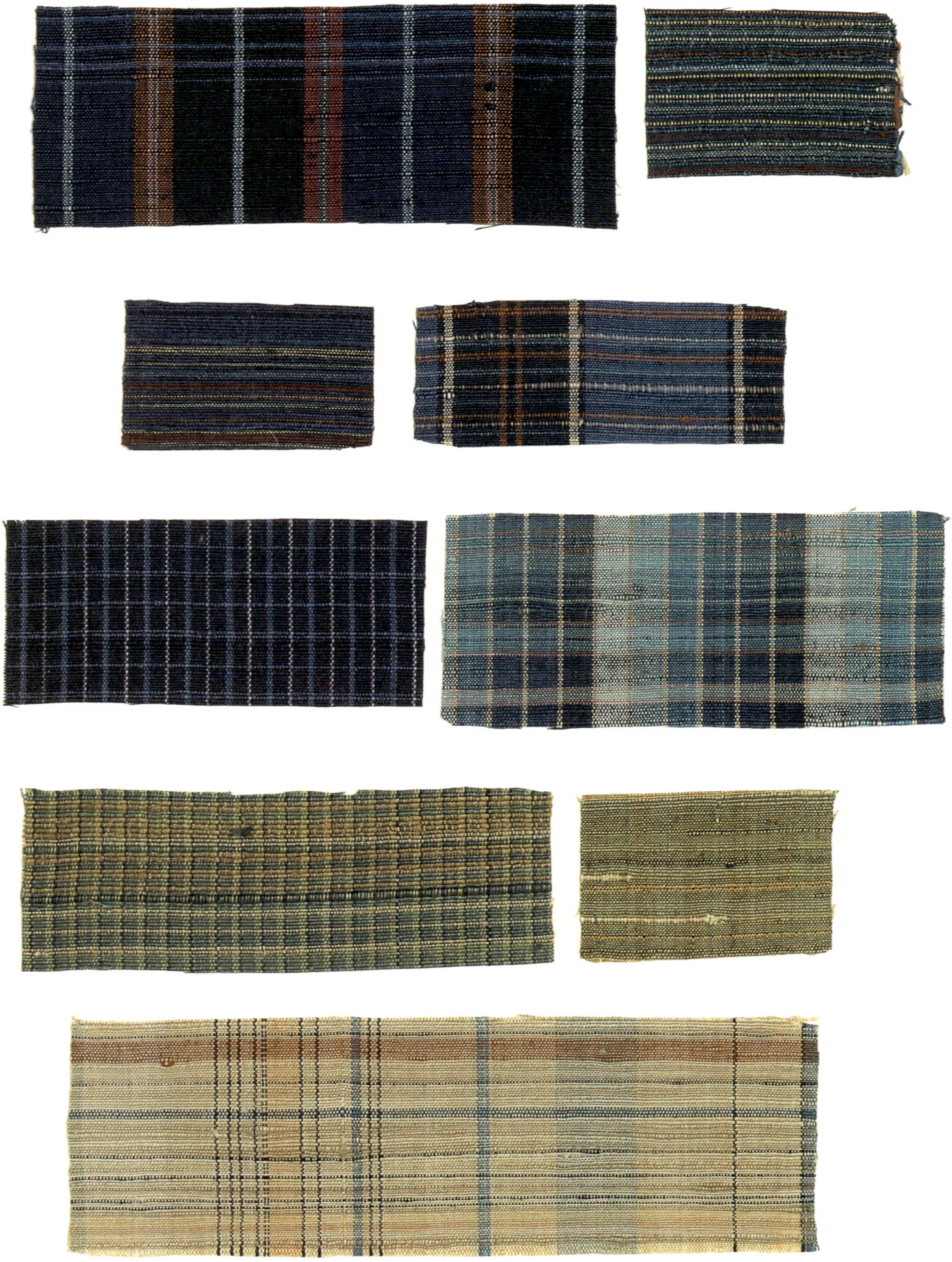

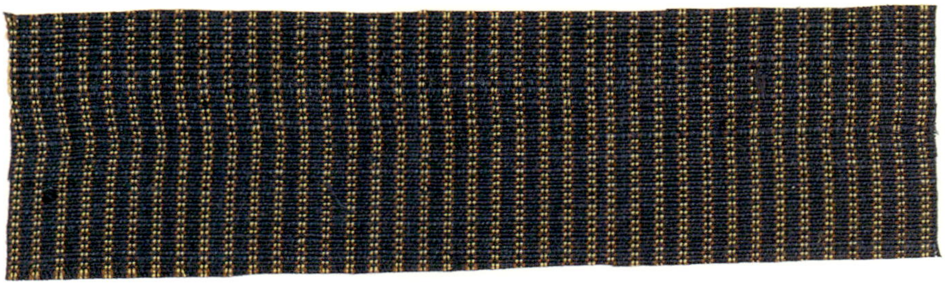

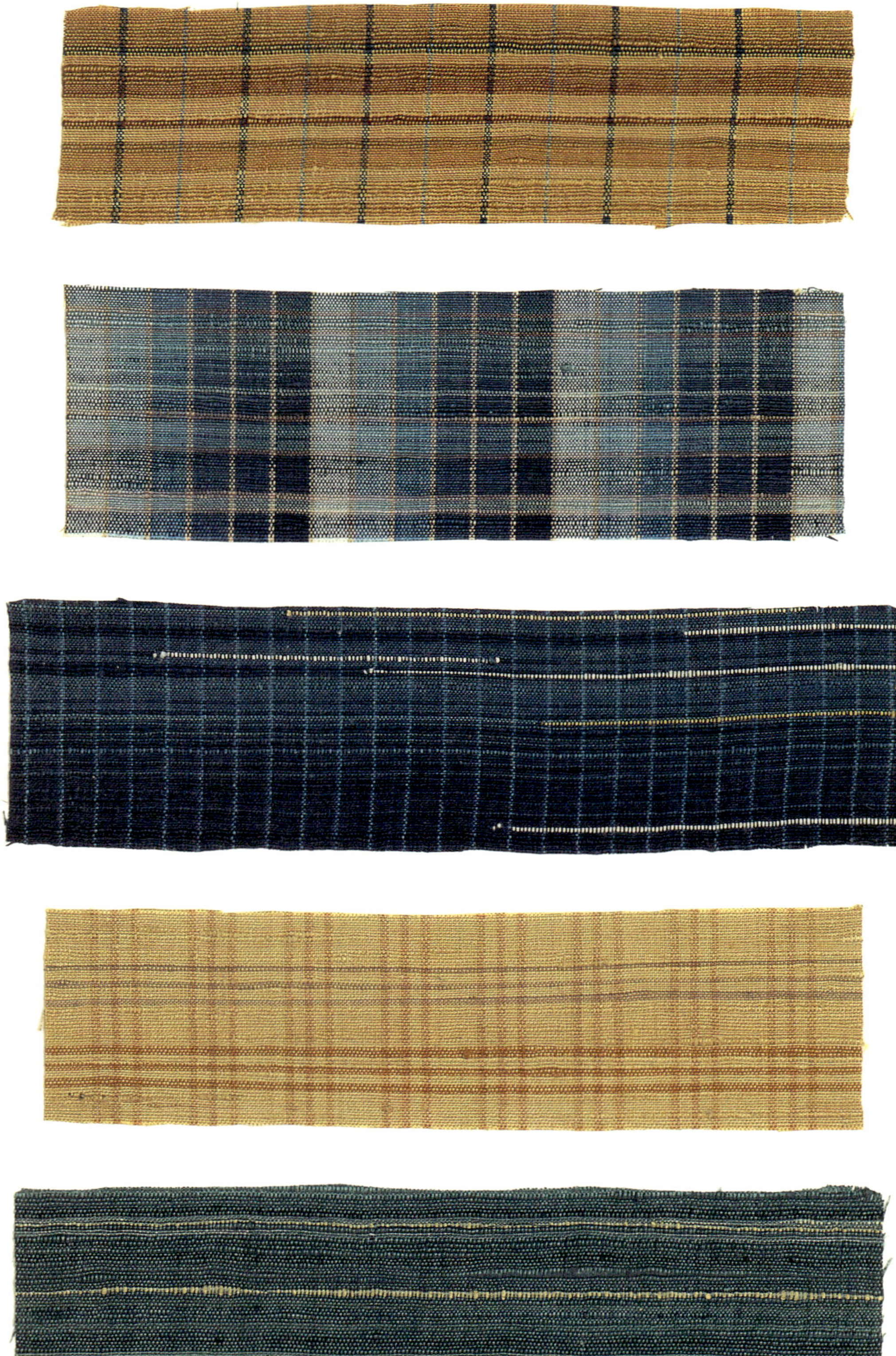

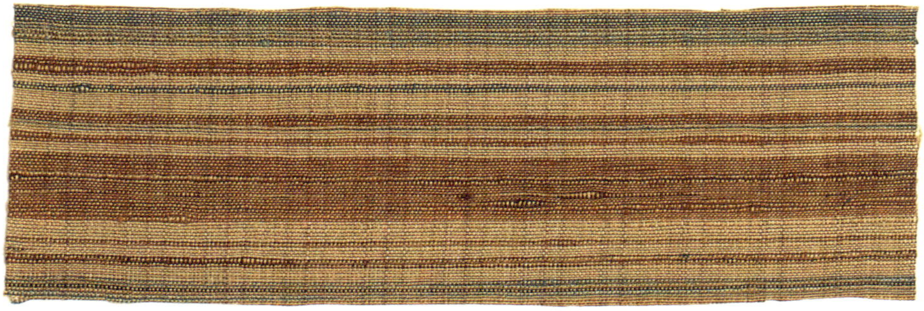

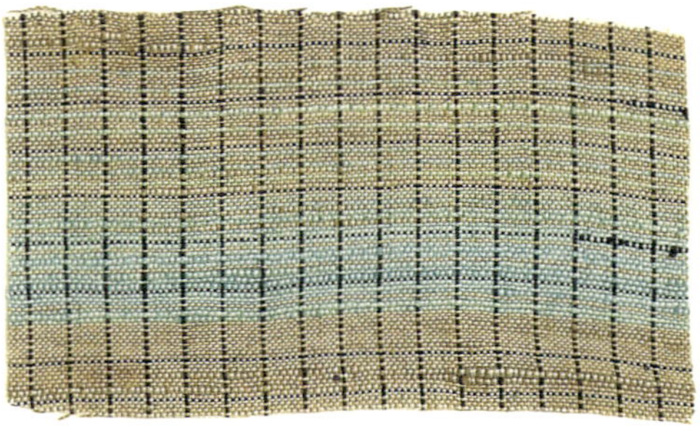

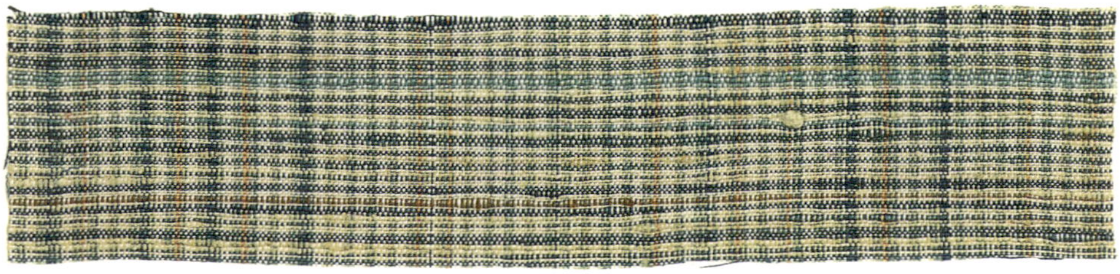

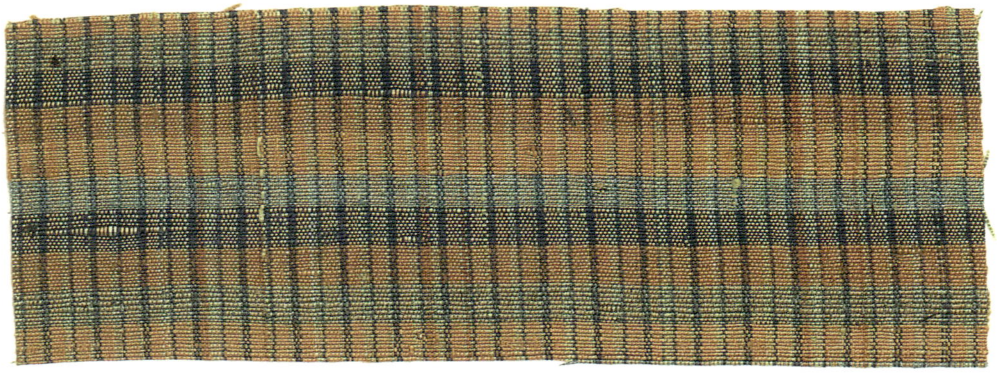

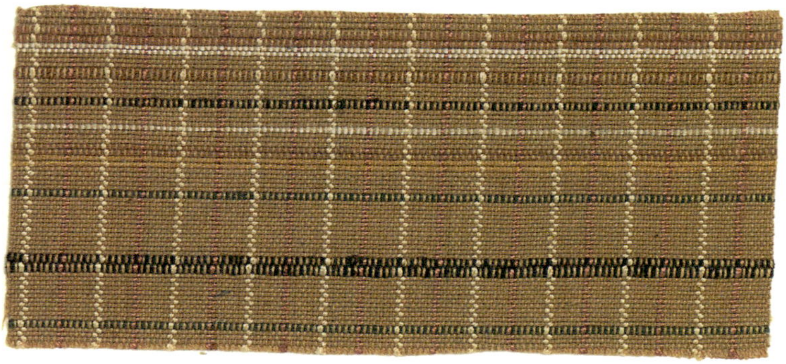

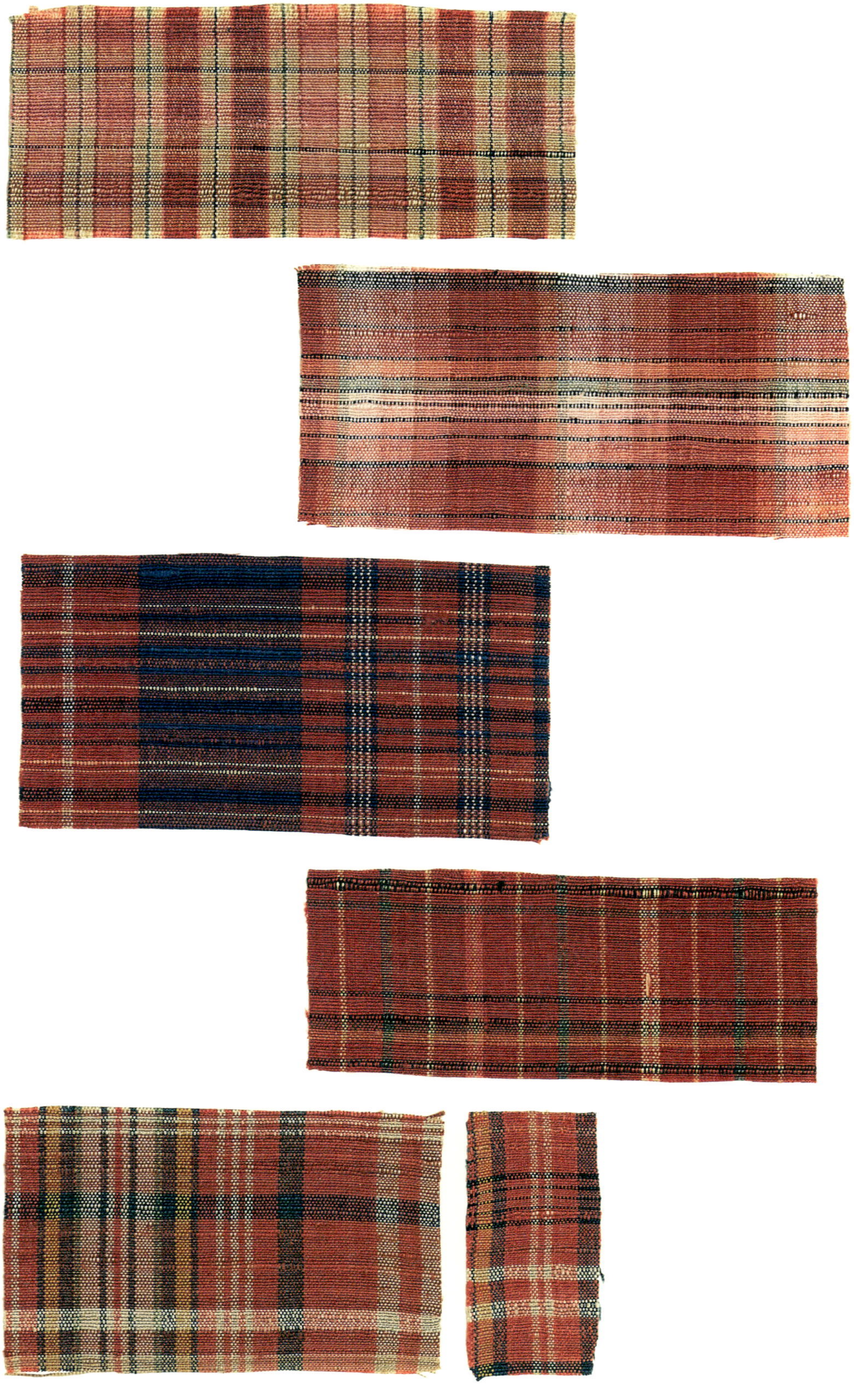

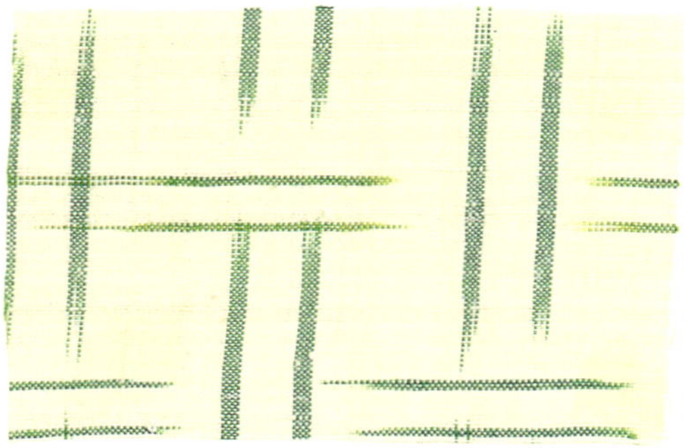

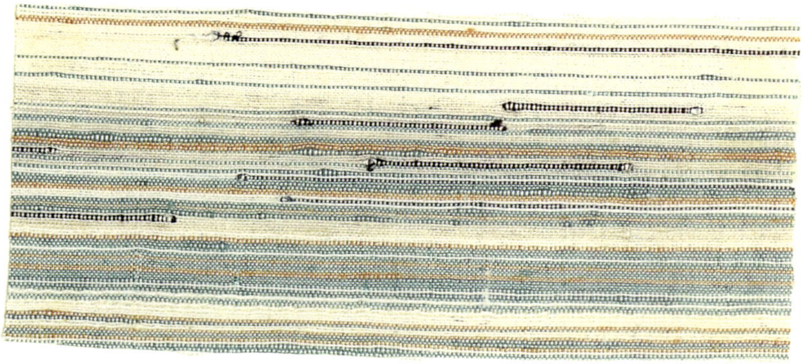

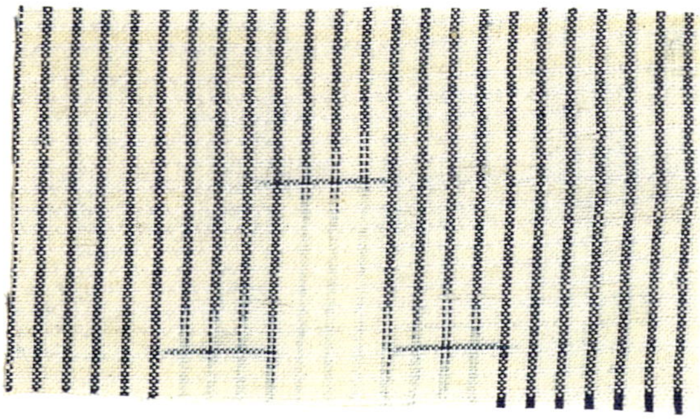

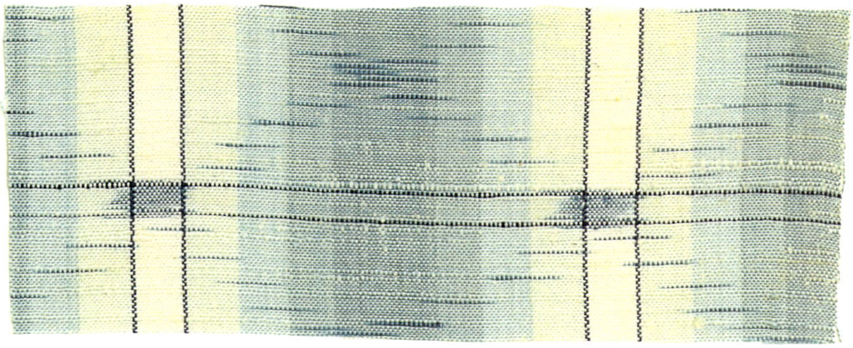

色・かたち・裂

——解説にかえて

母と小裂の思い出

今でも忘れられない思い出がある。

はじめて資生堂ギャラリーで個展をしたとき、富本憲吉夫人の一枝さんが、近江から上京した母と会場にあらわれ、おっしゃった。

「今日の会場で見るべきものなし。あなたのお母さんの着ている藍のめくら縞が一番美しい」

私は胸に一矢が突き刺さった思いがした。たしかに今おもえばその時母の着ていた藍の着物、母自身が織ったその着物が一番美しかった。新米の私のかなう相手ではなかった。

それ以来私は、藍のみじんとかめくら縞とか、憑かれたように藍を土台にして織った。織っても織っても井戸の深さをうかがい知ることが出来ないほど、いまだに追い求める藍の世界である。

大阪の道頓堀ちかくに育った祖母や母の残した着物のきれはしを時折見ると、その頃の大阪の商家の婦人たちの衣装好みの片鱗をうかがうことができる。

控えめでありながら、洒脱、小《こ》凜々《りり》しい縞や小紋、艶やかな友禅の、どことなくおっとりした品の漂う桜模様、華やかな模様に対して思いがけない渋い茶とか、鶸色《ひわいろ》の調和の見事さ。

箪笥や琴にかけられた油単《ゆたん》の紫の藤に牡丹の優雅さなど、忘れられない。

娘の頃、そういうものを身につけていた母が、いつの頃からかストイックなほど地味ごのみになり、半襟は黒、着物は藍一色にきまっていた。近江の緑豊かな田園の中に埋れるようにして暮すには藍の着物がよく似合うと思っていたのか。

その頃、滋賀県下の紺屋はぼつぼつ店を閉めていった。母は残念がって、五、六軒の紺屋に布や糸を染めてもらい、「この紺屋の藍色は私の好みや」とか、「水浅黄の色が物足りない」とか注文をつけていた。織のことについても厳しかった。

「まだまだ着物のことがわかっていない。修業が足りない」と度々言われた。何と言われても明治生まれの、朝夕着物で育った人間に太刀討ちはできなかった。きりっと筋のとおった着物姿で甲斐甲斐しく立ち働く女性とは違って、いつも少々着くずれた恰好で、たどたどしく機に向う、およそ師匠らしくない母だったが、物を視る眼はするどく、審美眼（とでもいうか）はたしかだった。

一九六一年に日本伝統工芸展に出品した「霧」という着物をみて、「こんな着物は明治の空気を吸った人間でなければ出来ない」と言う方があってショックを受けたが、私の中に明治生れの母が生きていたのか、織物に対する並々ならぬ執念が残り火のように燃えていて、娘をして仕事にかきたてたのか、その頃の私は目覚めると機に向い、染場の釜に火をつけていた。

母の期待に添うという気持ちより、互いに譲らない個性の相克というようなものがあった。烈しく反発する時もあり、無上の楽しい語らいの時もあった。

母は諸国縞帳と自分で呼んでさまざまの縞を織りつづけた。この小裂帖の中にも二、三点、母の縞がまじっている。八十歳を機に母は機に向うことを止めた。その年を越えて私はいまだに機に向う日々である。

自然現象を織りこむ——暈《ぼか》し

紬織が個人の手によってなされるようになったのはいつ頃からだろう。信州紬など地方では屑繭、玉繭をつかって織ったものが一部の数寄者の目にとまって、デパートなどでも信州紬展などが開かれ、私も見にいった。

一九五〇年代だろうか。それに先立って、柳宗悦先生は丹波紬などにも新しい美を見出され、民芸館ではぼつぼつ紬織の作品があらわれ

蘇芳

茜

藍

水浅黄

生絹《すずし》

るようになっていた。まだ植物染料の店などはなく、私は植物染料研究の第一人者であった上村六郎先生に連れられて漢方薬店をたずね、渋木《しぶき》、阿仙《あせん》などを求めた。藍は滋賀県野洲の紺九さんで染めてもらっていた。当時紺九さんは、桂離宮の襖紙《ふすまがみ》のために、紺と白の市松模様を和紙で染めていられた。

紺、茶、黄など少ない色数で織るのだからどうしても質実な縞模様になる。「小裂帖」の前半部分には、あまりに同じようものばかり並ぶので、削ろうかともと思ったが、いざ一つ一つを見ると、味があって捨てきれない。

昔、柳宗悦先生が、「色は沢山あればいいというものではない。三色以上使いこなせるものは天才だ」とおっしゃったことがある。

当時の、色に対して恐れをしらない私は、大した考えもなしに藍の地にさまざまの黄茶、鼠などを入れて織っていた。今、考えれば、藍は空や海、茶は大地、合わないはずはない。絶対の相性である。

浮世絵を見ればよく分る。藍と茶、鼠くらいしか使っていないのに、自然と人間の織り成す活々《いきいき》とした瞬間をとらえている。しかも版画という制約をふまえての仕事である。

カメラのない時代によくあれだけ適確にとらえることができたと思う。便利な機械のかわりに、人間は己の器量を全開して、カメラよりもっと精緻な魂のフィルムにしっかと写しとったのであろう。カメラという器具とひきかえに、浮世絵東海道五十三次の世界は消えてしまった。

あの数少ない色調で驚くほどの自然現象を表し得たのは、一つには暈《ぼか》しという技法が使われていたためではないだろうか。この国の風土と切っても切りはなせないものは暈しだと思う。

私が織の中に暈しを入れはじめたのは、いつごろだったであろうか。湿潤の京都、とくに洛西、洛北は常にしめりがちである。朝に夕に、嵯峨野の山野をながめ、時には時雨《しぐれ》がとおり、霧が立ち、霞がたなびくのを見ていて、ごく自然に生れた。手織りの紬に暈しが入るのはそれまでであまりなかったように思う。

一織一織、かすかな濃淡《グラデーション》の糸を入れ、だまし、すかしつつ、暈してゆく。それは織物ならではの世界である。微妙なグラデーションの糸を何段階にも染め、空気の層をとりこむようにして、奥行きのあるふっくらした織肌をつくってゆく。

私は十数年前、雪に埋れた山荘で機にむかっていた。終日雪が降りしきる純白の世界に、そこだけ黒々とした生きものが動いているような渓流をじっとながめている時、さっと一刷毛、淡墨色《うすずみいろ》の影を雪の上にみとめ、その感じを何とか織の上に表現したい、と思った。

その幽かな移ろいを表現しようと、織の肌をなでるようにして織りすすむ。ふと雪の匂いがした。

「雪間川」。黒曜石のようにひかりながら流れていく渓流にかぎりなく吸いこまれてゆく雪の片々、その色は淡墨色なのであった。

日本人があまり色彩の強弱を用いず、山水画などの墨色の濃淡による暈しを好むのは、自然の織り成す現象が、深く日本人の心情に浸透しているからではないだろうか。

蘇芳

かぎられた色の中に最初に入ってきたのは蘇芳である。織物をはじめて数年は経っていたろうか。この小裂帖の中ほどくらいから、突然、蘇芳の赤が飛び出してくる。当時の私は明けても暮れても蘇芳三昧だった。

当時の蘇芳は輸入品としてまだ貴重だった。

或る時、木工作家の黒田辰秋さんが訪ねてこられ、「思い切って釜一杯蘇芳を炊いてごらんなさい。驚くほどたっぷり使って染めてください。きっと今まで見たこともない真紅《まっか》が染まりますよ」と言われた。たしかにそれまで私は惜しみ惜しみ蘇芳を使っていた。早速釜一杯の蘇芳を炊いた。激しく熱い赤が生れた。私はその赤に魅せられ、裏庭に蘇芳の炊き殻が山と積まれ、塚をつくりたいほどだった。赤にあてられて寝こんだこともあった。

　蘇芳は、インド、マレーシアなど南方の島々に生育する樹木で、染色にはその芯材を使用する。そのせいか、同じ赤でも、色の性情が他とは違い、熱っぽい情を感じる。その中でも明礬《みょうばん》による発色の赤は、真紅《フルフル》とゲーテが言うような、最も純粋な、高尚な赤である。その赤は他をよせつけない。その色一色で完成している。昔、私はその色一色で織りはじめたが、配色が全く見つからず、黒、白、金銀など極限の色をもってこなくてはならず、自分の力量に限界を感じて倒れてしまったことがある。

　色は純粋であればあるほど協和性がない。

　ところが蘇芳は、媒染によって真紅、臙脂《えんじ》、紫紅色、など様々に変化する。華麗で、清純で、妖艶である。媒染によって変化するということは、それを仮に環境の変化とたとえれば、次々変身する女の魔性とさえ感じる。

　私はそれを、人間の生きた姿に移しかえて考えてみた。

　赤が女の純粋な心情とすれば、一種の聖域である。そんな女性は生きてゆけない。屈辱も、妥協も、虚偽も生きてゆくには受け入れなければならない。媒染によって変化した、そんな赤もまた好もしいのである。人の苦しさや哀しさも抱きとめて優しい赤である。

　昔（昭和十二、三年頃）、その頃戦場であった上海の病院に、女学生の私は兵士の見舞いに行ったことがある。見わたすかぎり、重症の方が横たわるばかりだったが、一人の兵士が私に赤い花をもって来てください、と言われた。私は白い花を持っていた。赤は命の色なのだと、そのとき思った。赤が一点入ることによって、その場がどんなに活性化されるかということが痛切に感じられた。赤は炎の色である。夕焼けの色である。

紅花、茜

　紅花や茜が手に入るようになったのは、更に数年後だったと思う。はじめて紅花を染めたとき、みな少女のように興奮した。

　花で色は染まらないのが原則だから、花びらで染めるなんて夢のようだった。自然には必ず例外があるものだ。しかし、花が色褪せるように紅花の色も命が短い、といわれている。たしかに、昔の小袖などをみると退色しているものもあるが、しっかり染まっているものは、年月を経ても色鮮やかである。すべての仕事に言えることだろうが、そのものへの知識、準備、周囲の協力に加えて、心構え、取り組み方によって変ってくる。それらが整ったとき、おのずといい仕事ができる。染は一瞬である。その緊張感が何度やっても快い。

　はじめて紅花を染めた時、湧きたつ思いをもって、十回ぐらい染めかさねた。十回以上になるとなかなか濃くならず、かえって染液に吸われて薄くなるような気がした。その時、「私はもうこれでいいのよ。今が一ばん美しいの」と言われたような気がした。たしかに紅花は、濃くもなく淡くもなく、色の気品を保ちつつ、あどけなく、やわらかいふくらみがあること、それが大切だと思う、少女のもつあの美しさだ。

　茜はまちがいなく根の色である。色だけをみてこれは花の色、これは根の色とどうしてわかるのかふしぎであるが、根には根の持つ主張がある。暗い大地に根をはってじっと時を待っている、掘り起こされるまで十年、百年、千年、それは分らないが、或る時、嵯峨の大覚寺の林の中で茜を見つけた。叢《くさむら》の中で何年じっとしていただろう。それを見つけた人が、「先生、平安時代の根かもしれません。家に帰って祀《まつ》りましょう」と言ったのに思わずほほえんだが、今に忘れない。なぜ自然は地中の根にあれほど天上的な色を宿すことになったのであろ

山支子

紅花

榛の木

くさぎ

う。花とは、色褪せる度合いが違う。たしかに平安期の鎧の緋縅《ひおどし》なども茜といわれているが、色褪せていない。根は堅牢なのだ。そして茜の朱は知的である。
蘇芳を情、紅を憧憬《あこがれ》、茜は知といいたい。
蘇芳は女の情、欲情にもなりかねない危機をはらんでいる。それ故に魅力的だ。紅は清純な乙女の色だ。桃花の色。茜はどちらかと言えば、妻、母の色、大地に根をはってしっかり周囲を守りますという感じだ。どの赤も好きだ。その中でも蘇芳の赤は、藍と対極にあって決定的な存在である。

藍、緑

藍については今日まで様々な場で語りついで来た。今更目新しい発見があったわけではないが、最終に近づきつつある仕事の中でも、藍はどうしようもなく仕事の中心である。
藍の仕事は際限もなく、終りもなく、人類が生きつづける限り存在するだろう、命の根源の色である。海、そこにこそ藍の本性、命がある。今、生命そのものの海が侵されつつある。天に向って祈ろうとしても、その天が病んでいる、と石牟礼道子さんは唱う。海についても同様である。それはすべて人間の犯した罪である。
「不知火《しらぬい》」と名づけた裂を、今、織っている。『石牟礼道子全集』の表紙の裂として使うためのものだ。
世にも美しい不知火の海は、チッソに穢されて未曾有の惨事を招いた。海は必死の自浄作用によって次第に浄化されている。しかし亡くなった人は還らず、今も苦しんでいる人は変らない。その海の霊を招いて、石牟礼さんが書き下ろされた能「不知火」が、二〇〇四年夏、台風のさなか、水俣の海上で上演された。一瞬嵐もしずまり、霊の招魂は祝祭となり、天、地、海も、ともに寿《ことほ》いだことだろう。
そんな不知火の海を織の中にいかに表現し得るか、私にもわからないが、一心に織らしていただくのみである。
藍の精が加護してくれますように、と。
緑は、藍と黄の申し子である。この二つの色彩が合流したとき、緑という第三の色が生れる。これが色彩の不思議、本質、である。この事が生命と深くかかわり、この地上の生物の恩人である植物をまたもや人間が侵していることを、私たちは肝に銘じなければならない。人間のためにのみ植物はあるんじゃない、と叫びたくなる。緑いろの山々野をみたときのあのいいようのない安堵感、よろこび……大切に守ってゆきたい植物であり、緑である。自然は侵されるままに言葉を発しないが、人間は多くの言葉を発して自然を侵している。その代償を誰が負うか。我々の子、孫なのだ。

伝えるということ（一）

ここまで書いて、私は何か根本的な疑問を感じている。果して技術以外のことをいくら文字で書いてみても伝わるだろうか。参考書とか教科書的なものはある程度伝わるけれど、それ以外のもの、たとえば勘のようなものはどうして伝えたらいいだろう。
先日も植物（木藤の実と枝）を炊き出していて、一時間くらい経った時、火を少し弱くして、あと三十分くらいそのままにしてと若い人にいったら、「どうやって炊き出す時間を決めるんですか」と言われた。私は答えに窮した。いつも私は植物を炊き出す時、まず三十分から一時間くらい炊いたら、液の状態を見る。例外はあるが、たいていうすい茶の液が出ているが、これ以上炊くか、ここで止めるかは植物次第である。もっと炊き出す方がいいかどうかは、液の色やその植物の言い分（状態）を聞くわけであるが、勿論植物は何も言わない。その時、植物がもうこれで十分といっているか、まだまだと言っているかわからないが、一生懸命聞こうとする。植物は何を言っているのか、と――そういう種類のことはいろいろある。ほとんど私の仕事などはそればかりと言っていい。それ故、私のところに織物の習得を考えて来た人には、基本的技術以外は何も教えて上げられない、という気がする。というと極端だが、素材に対する心構えとか、織の基本的手法はしっかり覚えてもらうが、そのあとは自分で考えてやってゆくしかない。ある点では突き放したようなやり方かもしれないけれど、たいていの人は、一年も経つと私よりずっと上手にきちんと織れるようになる。しかし問題はそれからである。もっともその事についてしっかり自覚している人もこの頃は多いけれど、いざとなるとその領域から先へ進むことが難しい。そこから先は教えることのできない領域である。そこで自己が試され、磨かれ、苦悩する段階に入る。染織といっても間口は広く、誰でもできるけれども、その実、奥行きが深いのである。その国の歴史、文化、伝統に深くかかわり、綿々と今日まで継承されてきた染織の道は意外と厳しい世界である。

　また一方、人々の日常に深くかかわり、昔はすべて自分の手で織ったり、染めたりしていたのだが、それがすっかり生産側（主に機械生産）の手にわたり、我々は何でも希むものをかんたんに手に入れられるようになった。そこであきたらない人が自分の手で、ほかにはない自分だけのものをつくりたいとのぞむようになった。今日、染織を習得したい人々が増えたのは、それが一つの原因ではないだろうか。

　私なども、母に、呉服屋にもデパートにも自分の好むものが売っていない、私の着たいと思う着物を織ってほしい、と言われたことは、この仕事をはじめる大きな要因になっていると思う。贅沢な高価なものが欲しいのではなく、自分にうつりそうな、売っているものとは一味違う、洒落ているけれど、洒落ているとはちょっと思わせないもの、要するに自分の思いが通っているものとでも言おうか。自然の繊維で（麻、綿、絹）、自然の染料で（植物）、手織りで織ったものをという基本的な条件がまずあって、その上で、一つの信条というか、控えめ、慎ましさのようなもの（その当時昭和三十年ごろの）を、大事にしたいという、母たちの年代の女性の考え方なのだったと思うが、それはまた自分を活かすもっともいい方法だということを、その人たちは知っていた。

　たとえば若い人が地味な絣の着物をきりっと着ていると美しさが際立つように、己を知り、特色を活かすことをわきまえている人が自分の好みの着物を着るということがもっとも大切なことだと思う。

　そういう母たちの好みが私にも引き継がれているのか、自分で織るものはずいぶん大胆なものもあるが、私自身は目立たない縞とか絣が好きで、あらたまったところへは無地の紋付を着てゆくことにしている。豪華な衣裳の似合う方はそれは素晴しいと思う、羨ましいとさえ思う。時々、私もまた着られないかもしれないと思うほどの大胆な意匠にとり組むこともある。それは自分のイメージを、衣裳という制約の多い枠の中にどうとり込むかという思いをこめて織るのであって、現実の女性に着てもらいたいと思って織るのではない。

　むしろ自分の思い描く幻想の女性に着せたいと思う。しかしそんなものは一生の間に一着か二着ぐらいしかできないだろう。

　たまに、とても着るにはむつかしいと思う着物を是非着てみたいという女性があらわれる。自分に挑戦するかの勢いで、その着物に体当たりである。女性の本性というか、未知の可能性に立ち向かう精神というか、女性が着るものにかける思いは凄いものがある。衣裳即ち自分というか、ふしぎに立派に着こなされるのである。そんな時は、私も着物をつくっていて冥利に尽きると思う。

伝えるということ（二）

「着物をつくる時、どんな構想からはじめるのですか」という質問を受けたことがある。

　とりたてて考えたこともなかった。

橡

藍と刈安

蓬

梅葛白樫

まず感動があると思う。それはすべてのことに言えると思うが、何かに心が揺り動かされ、それが自然であろうと、古典であろうと、現代の問題であろうと、何かしてみたいと思い、イメージが湧いてくる。そして、色。イメージ即、色といってもいい位だ。場合によっては全く色から来る。色と形が一体になって浮び上ってくれれば理想なのだが、なかなかそうはいかない。時によっては思いもかけないところから発想することもある。街路の石畳とか、土塀とか、煉瓦とか、いつも心のどこかにひっかかっている、そんな引き出しやボタンを押すところがどこかにあるらしい。自分の好むもの、魅かれる形、線、点、を自分の色で描き直している。単純なものほど魅かれる。それは自分の中で自由に動いてくれるから。常に色は潤沢に持っていたい。丁度文章をかく時、語彙が豊富であれば適切なところにあてはめてゆける。色も心の中に貯えて自由に漂わせていれば、自然と形に結びつく。

いつもそんなにうまくいくものではないが、織りたいという意欲まで持ってゆくのが大変である。まず素材、現実に寸法をもったデザイン、色の基本《ベース》に何の植物染料をもってゆくか、手もとに揃っているか、数々の困難に出会う。それらを克服して織にむかうまで唯一の旗印は最初のイメージの強靭さである。途中で消えてしまったり、変更を余儀なくされるものは発酵不充分なのである。悪条件がかさなってもイメージの力で次々乗り越えられるものがやっと作品になってゆくのである。

自分の中で生れたイメージが、ある必然性を得るにはどうしても目に見えない世界からの働きかけがあるような気がする。たとえば遠い記憶、心に刻んだ感動的な印象、旅の憶い出、あるいは亡き人からのメッセージであるかもしれない。

今の記憶と、はるかな無意識のあわいに浮んで来る名状しがたいある感情の流れなど、それらをすかさず掬いとって織の中へ移行させる、そんなふうに明確に意識するわけではないが、たしかに宙に浮遊するものを物へ、糸へ、織の構想へもってくるのは危うい作業である。しかしそれゆえに面白く止められないのかもしれない。私の中に色がなければ何事もはじまらない。

色——言葉では最も表現しにくいもの

イメージは白黒でもそこに色彩が加わると、俄かに生々してくる。生命が宿るのである。その色とはどこからやってくるのだろう。色は本来、現実界にあるものではなくて、生れ出てくるもの、目に見えない世界から薄いヴェールをとおして次第に目に見える世界にあらわれてくるもの。それを人間が自分の内へとりこみ、あらためて色として見ているのではないだろうか。あまりにも漠然とした考え方で表現し切れていないことは重々わかっているが、色ほど言葉で表現しにくいものはない。その点、音も同じだが、両者とも目で見、耳で聞く以外ないのかもしれない。

そこで今、私が染めてきた植物の名前と色とを簡単に列挙してみようと思う。

青

藍草（蓼藍）を原料として蒅《すくも》というものを製し、それを私は四国徳島から取り寄せて使っている。藍について述べることは多々あるが、植物染料の中でも最も奥が深く、その色彩は、化学染料とのちがいを如実に示すものである。即ち、色の生命をもっとも鮮明に染めあげると思う。植物染料の中心、その根幹をなすものだと思う。

藍の生葉染も忘れてはならないと思う。自家で栽培した藍の葉を摘んできてミキサーに一分ほどかけ、袋で絞ってすぐ染める。無媒染。作業をはじめてから三十分くらいで染め上がる。晴天の日を選び、その空の色と競い合う。

臭木《くさぎ》は、山の斜面や川沿いに夏、白い花を咲かせ、十一月頃から青い実をつける。その実を炊き出して染める。まさに青天の色そのもの。

赤

蘇芳、茜、紅花などの植物の中で、蘇芳（インド、マレーシア方面の産）は幹（芯材）、茜（日本、中国、西洋などの産）は根から、紅花（日本、中国産）は花びらから染める。

黄

梔子《くちなし》、刈安、鬱金、黄蓮、黄檗《きはだ》、福木などで染める。無媒染のものが多い。

紫

紫草の根。日本産は温暖化により年々減り、中国、モンゴルあたりから輸入されている。万葉の時代より紫根は椿灰によって媒染する。

緑

この色は単独ではない。藍と、刈安・梔子など黄色の染料とをかけ合せる。例外としてうすい緑を葛、蓬、せいたか泡立草などで染め出すことができる。はじめ木灰《あく》を少量加えた湯で煮出し、酢酸銅などで媒染する。黄と藍をかけ合せて出る緑とちがって、うす緑の、葉の裏のような色合いである。藍の生葉、臭木、葛などはいずれも山崎青樹さんの研究によるものである。

茶

すべての植物の幹、枝などで樹液のようなうす茶が染まる。それを木灰、石灰、明礬等で媒染すると茶系統が染まる。

鼠

茶と同様に染め出した植物の樹液のようなうす茶色を鉄で媒染すると鼠色になる。植物から染まる茶とか鼠は数え切れないほど多様で、日本人の最も好む色である。百茶、百鼠、或は四十八茶百鼠といわれる所以である。

黒

植物染料から黒そのものを染め出すことは困難である。檳榔樹《びんろうじゅ》、ロッグウッドなどの鉄媒染、藍下に濃い鼠をかけ合わせて鉄媒染をするなど、何回もかけかさね、そのたびに鉄で媒染するので糸、生地などがいたみやすいので私はあまり黒を使わず、どうしても必要な時は化学染料で少量使うことがある。

裂の話（一）

秋の夜半、庭には露がおりていた。

師が近づいてこられたので、私はたずねた。

「裂とはなんでしょう」

「裂とは心の断片、どんな小さな裂にも心が宿っています。物語をもっています」

「それはどんな裂にもいえることですか」

「いえ、裂とは、糸で織られ、布になり、どうして裂になってゆくのか、それを、お話ししましょう」

と言って師は葛《つづら》の箱をあけた。

箱の中にはたくさんの小裂が、大きいのや、小さいのや、細長いのや、丸いのが一杯入っていた。赤や紺、うす緑や黄、紫など、とりどりの色彩であふれている。縞や、絣などのさまざまの柄がひしめき合ってつまっている。そして何やらお互いに、喋り合っているものや、勝手につぶやいているものもある。

「私をみて」「この色はどう」「早く私をとり上げて、あなたの手で」

私はもう混乱して、目うつりがするばかり。師は言われた。

「裂がこんなにお喋りだとは思わなかったでしょう。ほら、ひとつひ

桜　枇杷

紫根

藍刈安

一位
梅

とつあなたの手に飛び込んでゆきそうでしょう。裂は一つの大きな目的を持っています。人に用いられ、大事にされ、衣裳やそのほかさまざまのものとして存在することです。その使命を果したとき、同じ一部分であった裂たちは、こうして葛籠につめこまれて、ほんの一足ちがいで忘れられてゆくのです。裂の願いなど本当にあるのでしょうか。今、一つの小裂をとり上げてみてしみじみ思うのです。経糸という与えられた運命、緯糸という今の命。運命と命が一瞬交差して布になっていく、布と裂、どこから布は裂になってゆくのか、そんな区別さえなく、糸は染められ、一織一織、織る人の夢をかなえてゆく……そうではありませんか」

師はじっと私を見つめて答えを待った。私は思わず言った。

「師よ、夢をかなえてくれるのは誰でしょう。見当違いかもしれませんけれど、何かがあるように私には思えるのです。私の思い、私の力ではなく何か別のものが――」

と、師は言われた。

「それは、創造《ものづくり》の主《ぬし》です。構成の主です。物にひそんでいるのか、物と命のあわいにひそんでいるのか、織物の主は控えめです。きっと糸が好きで好きでならないのでしょう。糸が自由に、思うように動きまわるのを喜んで助けているのです。それを感じてしまった糸は、唱い出すのです。強かったり、弱かったり、低かったり、高かったり、糸は色の使徒としてたのしげに奏でるのです」

私はうなずいた。「本当にそうですね。織機《はた》とは楽器の一種かと思うくらいです。竪琴のように、ある時など私が奏でている（織っているって、竪琴の絃をはじいているような気がします）かのように思えるのです。勝手に経糸が奏でた音を緯糸が掬《すく》いとって、和音や二重奏、三重奏に組立ててゆくのです。おや、いつの間にか布が裂になってきました」

師はほほえんで言われた。

「そのことです。あなたが波《ウエーブ》を感じた時、その波に乗って杼は飛び交うのです。そして裂に変身してゆくのです。命が宿り、物語が生れるのです」

師はそう語って立ち上がった。私は名残り惜しく、まだまだ語ってほしいと思ったが、すでに夜明けに近い庭には露が繁く、うす緑に透けた庭の織物――芝草――は無数の光を宿していた。

裂のはなし（二）

裂ってふしぎ。こんな小さな裂なのに、いきなり私の胸に飛びこんできて、何かつくってくれっていうの。手の中に吸い込まれてゆくものもある。勝手なことといってさんざんてこずらせているのに、いつの間にか見事なグラデーションにならんでくれる。日本風に言えば、繧《うん》繝《げん》とか暈《ぼか》しとか、でも無地ばかりじゃない、縞、格子とか絣とか段替りとか、小さいくせに一丁前、しっかり雛形になってくれるの。それがいつの間にか金覆輪《きんぷくりん》、銀覆輪なんて洒落ちゃって、百枚くらいになってる。形だって負けてない、三角や菱や四角や丸。マッチ棒みたいなのや、花びらや雪みたいな片々として、金屛風や銀屛風にお目見得して、納っているの。

何がふしぎって、そんな裂の表情の豊かさ、私は手を貸しているだけ。物静かな風情で服《まつろ》っているものもあれば、小さな家や窓や、樹々になったり、忽ち秋の風景になったり、野道になったり、どこかの国のお城になったり、蠟燭になったり、飛雲になったり、とんがり帽子になったり、首飾りになったり。ふりまわされているの。でも面白い。とってもいそがしくて、おもしろい。今日もお祭りの町になったり、旗になって街中パレードしたり、小鳥になって窓で歌ってくれたり……。

ああ、たのしい裂たちよ。晴れ舞台に立って着物として飛び立ったもの達の端布として、今も箱の中につめこまれているもの達よ。今、あなた達は輝く。雨に濡れて、人に踏まれて誰もかえりみない鋪道の石畳にあなたは変身する。美しい石畳さん。あなたをもっともっと作りたい。そして煉瓦さん、私はとってもあなた方が好き。いつ見ても、どこで見ても、ひとりひとり違った顔をして、何だかいいのよ、古顔の、歯の欠けた煉瓦さん、何ていい色をしてるの、とてもかなわない。あの色には歳月の歴史がある。撃たれ、崩れかけた煉瓦の塀よ、トルコやイランの古い町であなたの姿をみた。無惨な戦いの傷あと、何と深い哀しみの色だったろう。凸凹にしみこんだあの色は忘れない。私は今こんなおばあさんになってあなた方をいとおしんでいるってことに気がついた。捨てないわ。どんな米粒みたいな裂だって、私と一緒にもう少し生きて。

裂のはなし（三）

昔、私は「裂によせて」という詩を書いた。

なぜ、ひとは
ガラス絵や、貝殻や、玉《ぎょく》をみるように
織物をみようとしないのだろう

どんな材料で
どうして染め
どのようにして機にかけ
織り上げたのかと
まず問いかける

まるでそういう仕掛しか
織物にないかのように

私はまず　その仕掛から
織物を解きほぐして
鳥籠の上で　ヒラヒラする細長い旗や
マッチ箱みたいに小さな裂を

もっと身近に
掌にのせ、陽に透かして
かざしてみたい
螺鈿の筥に宝石のように
しまってみたい

そうすればきっと
それらの裂の中から
色の粉々が空中に舞い散ったり
糸のあわいから、響いては消えてゆく
かすかなさざめきが
聞こえるかもしれない

裂は何か姿を変えたがっているかもしれない
色も、少し光の領域にはみ出したがっているかもしれない

紺から甕《かめ》のぞきまで
藍の一家眷族が
しんから心を寄せ合うと
汀に打ちよせる漣《さざなみ》の光になる

紅からうす紅まで
紅花の一片《ひとひら》ずつが
そっと顔をよせ合うと
北国の朝咲きの花になる

阿仙

一位

渋木

藍

それからまた
裂の中に、まるでからくりみたいに
小犬の十字架
五重の塔や、お姫さん
利休鼠の夕顔や
竹藪に雪までそえて
かくしてあるのが、わかるかもしれない

昭和五十二年

もう三十年も前のことなのに、織物の組織とか材料とか技法とかに気が向かなかったのはその頃も今も同じだな、と思う。まあ不得手というのか、難しい織物の学術書なんか読む気がしなくて、遂に平織、植物染料の二本槍で五十年近くをすごしてきた。そのあげく、とうとう最晩年になって、小裂にまみれながら毎日をすごすようになってしまった。

二年あまり病を得て、果してもう一ど機に向えるかとあやぶんでいたが、療養がてら、ふと小裂の一杯つまった箱をまさぐっているうちに、この小裂を雪や花びらのようにこまかくきって、一片一片を、モザイクみたいに紙に貼りはじめた。

お菓子の空箱を小さく区切って、赤や黄、緑の、吹けば飛びそうな小片をわけて入れ、模型の小間物屋みたいに店びらきして、終日貼りつづけた。はじめは点描のようにひたすら空間を埋めて、花苑や噴水、お城や町などまるでお伽話の世界のような幼さだった。しかしそんな手仕事がたのしく、私を快方へむかわせたのか、次第に着想が湧き、長年織りためていた裂の箪笥から「秋霞」とか、「夜桜」「月の湖」などの作品の残り裂をとり出して着物の雛形をつくりはじめた。先年、何の気なしに着物の簡略なパターンをつくってみたのがきっかけだったが、小さいなりに主張している裂の勢いにうながされて、たて続けに五十枚、百枚をつくりつづけた。無地の雛形にも、意外と主張なき主張というか、色ひとつで勝負する潔さがあり、やはり五十枚ちかくつくった。自分が染めたというより、そこを離れて、植物染料のもつ潜在的な力強さに驚いた。

裂は御用済の存在として長年箪笥の中に打ち捨てられ、やがて私がいなくなったら忘れられる運命だった。すんでのところで最晩年の私はその裂たちから呼びかけられ「私たちをどうにかして！」といわれた気がした。

その裂たちのために、私は体調をくずし二年間も空白の時をあたえられたのかもしれない。人は休養の時と言ってくださるが、休養どころではなく、働きつづけた。このことに気づかされ、再びものをつくるよろこびをあたえられたことは、裂たちに何と御礼をいっていいかわからない。私はお手伝いさせてもらっている感じで、次から次へ裂の世界にはまりこんでゆく。

一寸かっこよく言えば裂への恩返しか、なんてとんでもない、まだまだ私は貪欲に、更に更に裂を切り刻み、こまぎれにしているではないか。それでも裂たちの中からさんざめくこの話し声、聞き耳をたてずにはいられない。

「あの頃ふくみさんは赤に夢中よ。蘇芳を炊いて毎日毎日私たちみたいなまっかな経で織ってたわね」「藍には随分苦労してたわ。腰がぬけるほどがっかりしたり、跳び上がってよろこんだり、そんな時の産物なのよ、私たち」

なんて限りなくお喋りな裂たちなのだ。

まだまだ私と裂たちとのたのしい作業はつづく。私がこの世から消えるまで一緒に生きてゆく。

志村ふくみ（しむら・ふくみ）

一九二四年滋賀県近江八幡生まれ。五五年、植物染料による染織を始める。五七年、第四回日本伝統工芸展に初出品で入選。翌第五回展から第八回展まで、紬織着物により連続四回受賞、六五年の第九回展からは特待出品者となる。八三年、『一色一生』（求龍堂）により大佛次郎賞受賞。八六年、紫綬褒章受章。九〇年、紬織の優れた染織技術により国の重要無形文化財保持者（人間国宝）に認定。九三年、文化功労者。『語りかける花』（人文書院）により日本エッセイスト・クラブ賞受賞。その他著書に『ちよう、はたり』『色を奏でる』（筑摩書房）、『たまゆらの道』（志村洋子との共著　世界文化社）ほか多数。

小裂帖《こぎれちょう》

二〇〇七年一月十五日　第一刷発行

著者　志村ふくみ

発行者　菊池明郎

印刷　株式会社精興社

製本　株式会社積信堂

発行所　筑摩書房

〒一一一-八七五五　東京都台東区蔵前二-五-三　振替〇〇一六〇-八-四一二三

ISBN978-4-480-87777-2　C0072

乱丁・落丁本の場合は、左記宛にご送付ください。
送料小社負担でお取り替えいたします。ご注文・お問い合わせも左記へお願いします。
筑摩書房サービスセンター
さいたま市北区櫛引町二-六〇四　〒三三一-八五〇七　電話〇四八-六五一-〇〇五三

あとがきにかえて

この「小裂帖」に貼られている裂たちは、私が織物をはじめた頃、一九六〇年前後のものから、三十年くらいの間に織ったものである。はじめは残り裂を何の考えもなしに貼っていたのだが、今、見ていると、その間の歳月の流れが鮮やかに浮かび上がってくる。人様に見ていただくなんて考えもしなかった。

この「小裂帖」は、一九九四年の、滋賀県立近代美術館の展覧会に、初めて出品したのだが、それが筑摩書房の編集の方の眼を惹いたのだった。「この『小裂帖』を本にするのが、十年来の願いでした」と言われてついその気になってはみたものの、やはりこれは、人には見せるものではないのかもしれないという思いがつきまとった。

しかし、日が経つにつれて、箪笥の底にしまわれた小裂たちが何やらささやく声をきいた。小さいながら彼女達は何か使命を持っているのかもしれない。今私は、それらの裂に支えられ、力づけられて新しいささやかな仕事に向っている。この本を出版したいと強く願ってくださった、筑摩書房の長嶋さんのおかげかもしれない。そして、「和本のような」という私の希望にこたえて、美しい造本にしてくださった、吉田篤弘さん、吉田浩美さんにも、こころからお礼申し上げます。

附記

この「小裂帖」の印刷で果して本物と変わらない色が出るかどうか、私も編者も苦慮していたが、今日の印刷技術の粋と、作り手の情熱をもってこの色彩までたどりついた。この本の色彩は、本物とちがいない色というのではなく、印刷によってあらわされる、本物にもない、なおかつ本物を侵さずに表現された色、というものではないかと思う。糸目の詳細、布の陰影まで克明にフィルムに写しとってくださった写真家の矢幡英文さん、色が糸に乗り移る瞬間の写真を扉にくださった井上隆雄さん。そして印刷の限界に挑戦してこの本を生み出して下さった製作・製版・印刷の担当の方々に、かさねてお礼申し上げます。